BEI GRIN MACHT SICH IHR WISSEN BEZAHLT

W0010019

- Wir veröffentlichen Ihre Hausarbeit,
  Bachelor- und Masterarbeit

- Ihr eigenes eBook und Buch -
  weltweit in allen wichtigen Shops

- Verdienen Sie an jedem Verkauf

Jetzt bei www.GRIN.com hochladen und kostenlos publizieren

Jennifer Amft

Die 3 Säulen der Montessori-Pädagogik

Idee und Realisierbarkeit im Alltag

GRIN Verlag

Bibliografische Information der Deutschen Nationalbibliothek:

Die Deutsche Bibliothek verzeichnet diese Publikation in der Deutschen National-
bibliografie; detaillierte bibliografische Daten sind im Internet über http://dnb.d-
nb.de/ abrufbar.

Dieses Werk sowie alle darin enthaltenen einzelnen Beiträge und Abbildungen
sind urheberrechtlich geschützt. Jede Verwertung, die nicht ausdrücklich vom
Urheberrechtsschutz zugelassen ist, bedarf der vorherigen Zustimmung des Verla-
ges. Das gilt insbesondere für Vervielfältigungen, Bearbeitungen, Übersetzungen,
Mikroverfilmungen, Auswertungen durch Datenbanken und für die Einspeicherung
und Verarbeitung in elektronische Systeme. Alle Rechte, auch die des auszugsweisen
Nachdrucks, der fotomechanischen Wiedergabe (einschließlich Mikrokopie) sowie
der Auswertung durch Datenbanken oder ähnliche Einrichtungen, vorbehalten.

Impressum:

Copyright © 2012 GRIN Verlag GmbH
Druck und Bindung: Books on Demand GmbH, Norderstedt Germany
ISBN: 978-3-656-21226-3

Dieses Buch bei GRIN:

http://www.grin.com/de/e-book/195305/die-3-saeulen-der-montessori-paedagogik

GRIN - Your knowledge has value

Der GRIN Verlag publiziert seit 1998 wissenschaftliche Arbeiten von Studenten, Hochschullehrern und anderen Akademikern als eBook und gedrucktes Buch. Die Verlagswebsite www.grin.com ist die ideale Plattform zur Veröffentlichung von Hausarbeiten, Abschlussarbeiten, wissenschaftlichen Aufsätzen, Dissertationen und Fachbüchern.

Besuchen Sie uns im Internet:

http://www.grin.com/

http://www.facebook.com/grincom

http://www.twitter.com/grin_com

Helmut- Schmidt- Universität

Universität der Bundeswehr Hamburg

Grundbegriffe und Handlungsfelder der Erziehungswissenschaft

Seminar: Einführung in die Grundlagen der Erziehungswissenschaft

Hausarbeit

Die 3 Säulen der Montessori-Pädagogik

Idee und Realisierbarkeit im Alltag

Hamburg, den 21.01.2012

Autor: Jennifer Amft

Inhaltsverzeichnis:

1. Einleitung

Für die meisten Eltern in Deutschland ist es aus verschiedenen Gründen besonders wichtig, dass ihr Kind einen Kindergarten bzw. eine Kindertagesstätte besucht. Dies belegen jedenfalls die Nachforschungen, welche die Wochenzeitschrift „Die Zeit" im Jahr 2010 erhob und zu dem Ergebnis kam, dass etwa 85% der damals Dreijährigen einen Kindergarten-/Kitaplatz wahrnahm. Sowohl der Bedarf an diesen als auch an Krippenplätzen steigt dabei stetig an.[1] Man kann also davon ausgehen, dass sich nahezu jedes Elternteil Gedanken darüber macht, welche Art der Betreuung für ihr Kind am besten geeignet wäre unter Berücksichtigung ihrer wohnlichen und oft auch finanziellen Situation. Setzt man sich mit den verschiedenen pädagogischen Konzepten auseinander, so kann man feststellt, dass nicht jede Einrichtung das gleiche Prinzip der Vorschulerziehung anwendet. Jede Form, egal ob Waldorf, Freinet, Waldkindergarten oder Montessori, hat ihren Schwerpunkt unterschiedlich gelegt und verfolgt andere Möglichkeiten, um das Kind auf die Schule und das spätere Leben vorzubereiten.[2]

In Deutschland gibt es z.B. etwa 1000 Montessori Einrichtungen, welche von Kindertagesstätten/ -gärten über Grundschulen bis hin zu weiterführenden Schulen reichen. Dabei ist es stets die Aufgabe der Pädagogen gemäß dem Leitgedanken Maria Montessoris: „Hilf mir, es selbst zu tun" die Kinder in ihrer Aktivität zu unterstützen, sodass diese Kompetenzen wie Verantwortungsbewusstsein, Kooperation und Leistungsfähigkeit aber auch Selbständigkeit und Individualität verinnerlichen können. Montessori- Schüler erbringen im nationalen Vergleich meistens bessere Leistungen als Kinder der Regelschulen.[3]

In dieser Seminararbeit möchte ich im Schwerpunkt auf die drei Säulen der Montessori- Pädagogik eingehen, da diese den Rahmen der Vorstellungen Montessoris bilden und man ihre Gedanken so gut nachvollziehen kann. Des Weiteren werde ich die benannten Säulen genauer erläutern und anhand der gesammelten Erkenntnisse mithilfe von Beispielen darstellen, wie sich das Konzept in einem Kindergarten umsetzen lässt.

---

[1] Sadigh, Parvin: Deutschlands Eltern brauchen mehr Kita- Plätze als geplant, in: Zeit online, 2010. Online unter: http://www.zeit.de/gesellschaft/familie/2010-06/vergleich- krippen.
[2] KindergartenExperte: Pädagogische Konzepte, 2008. Online unter: http://www.kindergartenexperte.de/ratgeber-fuer-eltern/paedagogische-konzepte/.
[3] KindergartenExperte: Maria Montessori, 2008. Online unter: http://www.kindergartenexperte.de/ratgeber-fuer-eltern/paedagogische-konzepte/montessori/.

Hierfür werde ich vorwiegend die Literatur von Harald Eichelberger: „Handbuch zur Montessori- Didaktik"[4] und Detlev Vogel: „Montessori- Erziehung – wie geht das?"[5] verwenden.

Im Rahmen meines Studiums der Bildungs- und Erziehungswissenschaften habe ich mich für die Pädagogik von Maria Montessori entschieden, da dieses Themengebiet schon seit Längerem mein Interesse weckte. Ich habe mich zum ersten Mal während der Sekundarstufe im Pädagogikunterricht mit diesem Gebiet intensiver befasst. Des Weiteren kann ich mich sowohl in die Position eines Kindergartenkindes, was auch ich für 4 Jahre war, als auch in die der Erzieherin versetzen, da ich bereits pädagogische Aufgaben als Babysitter oder Betreuerin einer Ferienlagergruppe übernommen habe. Als Ergebnis meiner wissenschaftlichen Nachforschungen möchte ich daher die Frage beantworten können, ob die Grundgedanken von Maria Montessori so realisierbar sind, dass jedes Kind diese Pädagogik verinnerlichen und sie auch durch jede Pädagogin umgesetzt werden kann.

---

[4] Eichelberger, Harald: Handbuch zur Montessori- Didaktik, 1997.
[5] Vogel, Detlev: Montessori- Erziehung – wie geht das?, 2001.

2. Maria Montessori und die Besonderheiten ihrer Pädagogik

Maria Montessori wurde am 31. August 1870 in Chiaravalle bei Ancona geboren. 1875 besuchte Montessori die öffentliche Volksschule und wechselte mit 12 Jahren auf eine technisch, naturwissenschaftliche Schule, was für die damaligen Verhältnisse sehr ungewöhnlich schien.[6] Im weiteren Verlauf erkämpfte sie sich mit der Zustimmung ihrer Mutter als erste Frau Italiens ein Medizinstudium, obwohl ihr Vater sie gern dabei unterstützt hätte, Lehrerin zu werden.[7] Trotz aller Schwierigkeiten, die das Studium mit sich brachte, konnte sie es 1896 erfolgreich mit der Promotion abschließen[6], wobei sie 105 von 110 möglichen Punkten erreichte. Diese letzte öffentliche Prüfung machte sie schlagartig in ganz Rom berühmt.[7] Durch ihre Anstellung als Assistenzärztin in einer Kinderpsychiatrie[6] wurde ihr Interesse an der Pädagogik geweckt[8] und sie erkannte im Umgang mit den geistig behinderten Patienten, dass jedes Kind einen inneren Tätigkeitsdrang und Eigenantrieb besaß.[6] In Folge ihrer Beobachtungen entstand mithilfe der Sinnesmaterialien (siehe 3.2) und ihren medizinischen Kenntnissen eine pädagogische Vorgehensweise, welche weltweit Erfolg haben sollte. Sie selbst äußerte sich im Zusammenhang mit der Entwicklung ihrer Schützlinge wie folgt: „Während nun alles die Fortschritte meiner Idioten bewunderte, forschte ich nach den Gründen, welche die bedauernswerten Kinder unserer öffentlichen Schulen auf einer so tiefen Stufe zurückhielten, daß meine unglücklichen Schüler ihnen in der geistigen Bildung die Stange halten konnten!"[7] Um ihre Forschungen vertiefen zu können begann sie 1900 ein Studium der Anthropologie und Pädagogik[8] und wurde in Folge dessen im Jahre 1904 Professorin für Anthropologie an der Universität in Rom.[6] Die italienische Regierung beauftragte Montessori 1907 ein Kinderhaus „Casa dei Bambini", welches in einem Elendsviertel gelegen war, zu beaufsichtigen. Hierbei griff sie auf ihre Erfahrungen zurück, die sie in der Psychiatrie gemacht hatte und erweiterte in Zusammenarbeit mit den Kindern die Entwicklungsmaterialien. Ab 1913 reiste sie durch die Welt, hielt Vorträge, gab Kurse für Pädagogen und schrieb ihr Buch „Selbsttätige Erziehung im frühen Kindesalter".[6]

---

[6] Clara-Grunwald-Schule: Maria Montessori- Die Biographie, 2003. Online unter:
http://www.montessori-penzberg.de/kinderhaus/downloads/montessori.pdf.
[7] Bührlen- Enderle, Rotraut und Irskens, Beate: Lebendige Geschichte des Kindergartens – eine ‚Bildungsreise' zu Oberlin, Fröbel, Montessori und Steiner, 1989, S.55ff.
[8] Kempken, Volker: Kurzbiographie Maria Montessori (1870- 1952),2010. Online unter:
http://www.montessori-nordhorn.de/montessori/maria/.

Das Resultat äußerte sich darin, dass ihre Erkenntnisse weltweit verbreitet und nahezu überall Montessori- Schulen etabliert wurden. Die Nationalsozialisten jedoch veranlassten die Schließung aller Einrichtungen deutschlandweit und der Faschismus in Italien vertrieb Montessori aus Europa.[9] Erst 1947 kehrte sie zurück und lebte bis zu ihrem Tod am 06. Mai 1952 in Nordwyk, einem Ort der heutigen Niederlande.[10]

Montessori erkannte als erste Pädagogin die besondere Art der Aufnahme- und Lernfähigkeit des Kleinkindes, woraus sich die „Montessori- Pädagogik" entwickelte. *„Wohl kaum ein Pädagoge vor oder nach ihr hat so ein großes Gewicht auf die Beobachtung und die Signale der Kinder gelegt."*[11] Die Grundsätze, welche sie vertrat, stellen die Besonderheit ihrer Pädagogik dar und waren für die damalige Zeit revolutionär. So war sie von der spontanen Selbstentwicklung des Kindes überzeugt, legte Wert auf die ersten drei Jahre und hob die Trennung von Jungen und Mädchen auf.[10] Sie wandte sich von dem Ziel der früheren Erziehung ab, welches daraus bestand, das Kind für das soziale Leben vorzubereiten indem es ausschließlich das Verhalten der Erwachsenen nachahmte.[12] Sie kritisierte dabei die Unterdrückung der Kinder innerhalb der Gesellschaft, wodurch keine gesunde Entwicklung erfolgen kann. Sie verurteilte die Erwachsenen als Unwissende und warf ihnen vor, nur die Unartigkeiten der Kinder wahrzunehmen.[11] Montessori hingegen sah das Kind als eigenständige freie Persönlichkeit mit individuellen Wünschen und Bedürfnissen.[13] Sie stellte es in den Mittelpunkt ihrer Pädagogik, forderte den respektvollen und herzlichen Umgang mit ihm und funktionierte als Begleiter des Kindes im Entwicklungsprozess, der ihm Möglichkeiten aufzeigen kann aber stets dessen Wege akzeptieren muss.[14] Ihr Ziel bestand darin, das Kind zur Selbständigkeit zu erziehen, was nur durch die eigene Aktivität des Kindes erfolgen konnte.[11] Der Erwachsene darf dem Kind während dieses Prozesses „Hilfe zur Selbsthilfe" geben.[13]

---

[9] Clara-Grunwald-Schule: Maria Montessori- Die Biographie, 2003. Online unter: http://www.montessori-penzberg.de/kinderhaus/downloads/montessori.pdf.
[10] Bührlen- Enderle, Rotraut und Irskens, Beate: Lebendige Geschichte des Kindergartens – eine ‚Bildungsreise' zu Oberlin, Fröbel, Montessori und Steiner, 1989, S.55ff.
[11] Becker, Ingeborg: Maria Montessori- der pädagogische Ansatz, in: Martin R. (Hrsg.): Kindergartenpädagogik- Online Handbuch, 2000, S. 30- 41. Online unter: http://www.kindergartenpaedagogik.de/1588.html.
[12] Becker, Ingeborg: Maria Montessori ‚Zehn Grundsätze des Erziehens',2010. Online unter: http://www.fuerstenberg-dhg.de/index.php?id=montessore_10grundstze_kurz.
[13] Wenzel, H.: Kurzbeschreibung, 1999. Online unter: http://www.kinderkahn.de/index.php?option=com_content&view=article&id=69&Itemid=85.
[14] Eichelberger, Harald: Handbuch zur Montessori- Didaktik, 1997, S.15f.

Ihre Methode und das damit verbundene Ziel der optimalen Entwicklung des Kindes basieren auf drei wesentlichen Säulen: die Entwicklungsmaterialien, die vorbereitete Umgebung und die damit einhergehende „neue" Erzieherin. Diese drei Bereiche stehen miteinander im Einklang und können die Entwicklung des Kindes negativ beeinflussen, wenn ihnen je eine unterschiedliche Wichtigkeit zugemessen wird.[15] Im weiteren Verlauf der Seminararbeit wird darauf genauer eingegangen. Montessori forderte anstatt der damals vorherrschenden Angebots- und Aufforderungspädagogik die sogenannte Entwicklungspädagogik. Diese wird möglich, wenn die gerade beschriebenen Säulen beachtet, das Kind in seiner Freiarbeit nicht unterdrückt und seine sensiblen Phasen erkannt werden.[16] Letztere stellen bestimmte Zeitabschnitte innerhalb der Entwicklung eines Kindes dar, in denen es eine besondere Aufnahmefähigkeit für das Erlernen bestimmter Fähigkeiten aufweist und seine gesamte Aufmerksamkeit einen Bereich der Umgebung fokussiert. Da solche Phasen nur von vorübergehender Dauer sind, muss das Kind zu dieser Zeit seine relevanten Erfahrungen machen können. Erkennt die Erzieherin solch einen Zeitabschnitt nicht und stellt dem Kind dadurch nicht das notwendige Material zur Verfügung, kann dieses die Versäumnisse aus der Phase, sich eine bestimmte Fähigkeit auf natürliche Weise anzueignen, nur sehr schwer nachholen.[17] Die angesprochene Freiheit eines Kindes bedeutet im Allgemeinen, dass die Pädagogik vom Kind aus erfolgen sollte.[18] Montessori war davon überzeugt, dass Kinder das am Besten lernen und verinnerlichen, was sie interessiert, ihre Bedürfnisse befriedigt und sie wirklich lernen möchten. Daher kann das Kind während der sogenannten Freiarbeit eigenständig aus vorhandenem Material auswählen, womit es sich beschäftigen möchte.[19] Diese Methode gibt dem Kind die Möglichkeit zur Unabhängigkeit, Selbständigkeit und Individualität und ist verantwortlich für seine Konzentration, Disziplin und Ruhe.[16]

---

[15]Wenzel, H.: Kurzbeschreibung, 1999. Online unter:
http://www.kinderkahn.de/index.php?option=com_content&view=article&id=69&Itemid=85.
[16]Becker, Ingeborg: Maria Montessori ‚Zehn Grundsätze des Erziehens',2010. Online unter:
http://www.fuerstenberg-dhg.de/index.php?id=montessore_10grundstze_kurz.
[17] Hopf, Tobias: sensible Phasen, 2009. Online unter: http://www.montessori-augsburg.de/sensible-phasen.50.0.html.
[18] Eichelberger, Harald: Handbuch zur Montessori- Didaktik, 1997,S.21f.
[19] KindergartenExperte: Maria Montessori, 2008. Online unter:
http://www.kindergartenexperte.de/ratgeber-fuer-eltern/paedagogische-konzepte/montessori/.

Die tiefe Konzentration und Hingabe zu einer selbstgewählten Arbeit bewirken beim Kind eine innere Ordnung der Persönlichkeit, das Gefühl der Zufriedenheit und Ausgeglichenheit sowie die Entwicklung eines intensiveren Gemeinschaftssinnes.[20] Die Freiheit des Kindes erstreckt sich jedoch nur innerhalb zwei vorgegebener Grenzen. Die Erste stellt die Gemeinschaft selbst dar und bedeutet für das Kind, die Freiheit Anderer zu akzeptieren und Rücksicht zu nehmen. Das Kind lernt zu verzichten und sich neu zu orientieren, was es im späteren Leben auch auf andere Situationen übertragen kann. Es begreift, dass sowohl Entfaltung, als auch Begrenzung die Existenz des Einzelnen mitbestimmen. Die andere Grenze der Freiheit besteht in dem Gesetz des Gegenstandes. Die Voraussetzung hierfür liegt darin, dass das Kind die genaue Vorgehensweise im Umgang mit dem Material kennengelernt hat.[21] Die Aufgabe der Erzieherin besteht darin, ihre Position als Beobachter zu verinnerlichen und dann einzugreifen, wenn das Gemeinwohl gefährdet wird.[22]

Abschließend kann man sagen, dass die Vorgehensweise, welche Maria Montessori nutzt, den Kindern das Lernen erleichtert, Zusammenhänge anschaulich, verständlich und greifbar macht und die Ausdauer, Konzentration und Freude beim Arbeiten und Spielen fördert.[23] Ergänzend muss aber hervorgehoben werden, dass diese Form der Pädagogik zwar danach strebt, dem Kind Liebe, Respekt, Freiheit und ein optimales Umfeld[24] zu bieten jedoch kein Allheilmittel für jegliche Erziehungs- und Lernprobleme darstellen kann.[23] Der Erfolg dieser Methode kann u.a. von der Persönlichkeit des Kindes, seinen Vorerfahrungen sowie Stärken und Schwächen abhängen.

---

[20] Kähler, Pia: Montessori Pädagogik- Die Freiheit, 2006. Online unter:
http://www.oddblog.de/montessori/seite-5.html.
[21] Helming, Helene: Montessori- Pädagogik, 14. erweiterte Auflage 1977/1992, S.61ff.
[22] Becker, Ingeborg: Maria Montessori ‚Zehn Grundsätze des Erziehens',2010. Online unter:
http://www.fuerstenberg-dhg.de/index.php?id=montessore_10grundstze_kurz.
[23] Wenzel, H.: Kurzbeschreibung, 1999. Online unter:
http://www.kinderkahn.de/index.php?option=com_content&view=article&id=69&Itemid=85.
[24]Kempken, Volker: Kurzbiographie Maria Montessori (1870- 1952),2010. Online unter:
http://www.montessori-nordhorn.de/montessori/maria/.

3. Die drei Säulen der Montessori- Pädagogik

3.1 Die vorbereitete Umgebung

„Nicht das Kind soll sich der Umgebung anpassen, sondern wir sollten die Umgebung dem Kind anpassen."[25] Maria Montessori vertritt die Auffassung, dass der Mensch lieber versucht sich seine eigene Umgebung zu erschaffen, als sich einer vorgegebenen Umwelt anzupassen. Ähnliche Beobachtungen sind auch bei anderen Lebewesen möglich, welche sich erst dann problemlos entwickeln, wenn sie in einer für sie idealen Umgebung wachsen und gedeihen können. Das Kind befindet sich zunächst in keiner angemessenen Umgebung, da es in die Welt der Erwachsenen hineingeboren und darin auch häufig großgezogen wird. Diese soziale Umgebung entspricht zwar den Bedürfnissen der Erwachsenen, jedoch nicht denen eines Kindes. Das Kind versteht diese Umgebung nicht, fühlt sich von der Gesellschaft ausgeschlossen und kann in dieser „fremden" Welt kein erfülltes Leben führen. Auch wenn wahrscheinlich die Grundbedürfnisse wie Nahrung, Kleidung oder Schlaf befriedigt werden, so werden jedoch die Ansprüche des kindlichen Geistes und seiner Seele enorm vernachlässigt, sodass es sowohl körperlich als auch moralisch darunter leidet.[26] Das Kind sieht keinen anderen Ausweg, als seine Unzufriedenheit mithilfe von Wutausbrüchen oder ähnlichen Äußerungen mitzuteilen.[27]

Montessori ist daher der Meinung, dass ein Kind eine Umgebung benötigt, die seiner Größe, seinen Kräften und psychischen Fähigkeiten entspricht.[26] Hierzu beschreibt sie detailliert die sogenannte „vorbereitende Umgebung", welche ein zentrales Element der Montessori-Pädagogik darstellt. Es handelt sich dabei um ein Konzept, das die Beschreibung zur kindgerechten Einrichtung und Gestaltung des kindlichen Lebens- und Arbeitsraumes enthält. Des Weiteren dient es dazu, dem Kind eine selbstständige Lebensführung zu ermöglichen und es so von der Führung der Erwachsenen zu lösen.[28] Diese vorbereitende Umgebung muss natürlich den Bedürfnissen, Interessen und dem Entwicklungsstand des Kindes entsprechen und trägt damit zur Strukturierung seiner Arbeit der Kinder bei.

---

[25] Herbst, Roger: Maria Montessori- Zitate, 1999. Online unter: http://www.montessori-lexikon.de/montessori-zitate.php.
[26] Becker, Ingeborg: Maria Montessori ,Zehn Grundsätze des Erziehens',2010. Online unter: http://www.fuerstenberg-dhg.de/index.php?id=montessore_10grundstze_kurz.
[27] Vogel, Detlev: Montessori- Erziehung – wie geht das?, 2001, S83ff.
[28] Montessori Didaktik: Vorbereitete Umgebung bei Maria Montessori, 2010. Online unter:http://www.montessori-didaktik.de/vorbereitete-umgebung-bei-maria-montessori-27.html.

Diese Grundlage bietet für die Entwicklung der Kinder optimale Bedingungen. Montessori ist es wichtig, dass die Umgebung kindgerecht eingerichtet ist, was auch beinhaltet, dass sich die Entwicklungsmaterialien in greifbarer Nähe für das Kind befinden.[29] Alle Möbel, egal ob Stühle, Tische oder Regale, sind in Größe und Gewicht den Proportionen und Fähigkeiten der Kinder angepasst.[30] Sie müssen leicht sein und so aufgestellt werden, dass das Kind sie mühelos herumtragen kann. Außerdem sollten sie abwaschbar sein, sodass die Kinder mit der Zeit lernen, auf die Sauberkeit in ihrer Umgebung zu achten und diese auch allein mithilfe von Wasser wiederherstellen können, indem sie Flecken von den Möbeln beseitigen.[31] Des Weiteren wird das Kind feststellen, dass das Bewegen von Gegenständen natürliche Geräusche erzeugt, was das Arbeiten anderer Kinder durchaus stören kann. Das Kind lernt also, Rücksicht auf seine Mitmenschen zu nehmen und seine Bewegungen bewusst zu koordinieren, sodass es so wenig wie möglich Geräusche erzeugt.[30] In der Schule z.B. wurde solch ein Lernprozess früher häufig verhindert, da Stühle und Tische fest mit dem Boden verschraubt wurden, sodass sie trotz lebhafter und ungeschickter Bewegungen der Kinder, welche diese Möbel wahrscheinlich verrückt bzw. umgestoßen hätten, an Ort und Stelle blieben. Dies erhielt zwar die Ordnung innerhalb der Schule, die Kinder konnten jedoch nicht in dem Maße geordnete Bewegungen erzielen, wie sie es gebraucht hätten. Neben leicht beweglichen Möbeln fordert Montessori, dass sich auch zerbrechliche Gegenstände, wie Gläser oder Vasen, in dieser Umgebung befinden sollen. Nur so können Fehler und falsche Bewegungen offensichtlich werden und nur so kann das Kind auch aus seinen Fehlern lernen und Achtsamkeit, Wertschätzung oder den richtigen Umgang mit zerbrechlichen Gegenständen erwerben. Diese Beispiele fasst Montessori unter dem Begriff der Bewegungserziehung zusammen.[31] Zudem besitzt die vorbereitende Umgebung einen Aufforderungscharakter, was eine klare Gliederung und Überschaubarkeit für das Kind voraussetzt. Dies bedeutet auch, dass alle Materialien in offenen halbhohen Regalsystemen und damit in Augenhöhe untergebracht sein sollen[30,32], sodass sie jederzeit für das Kind erreichbar sind.[31]

---

[29] Eichelberger, Harald: Handbuch zur Montessori- Didaktik, S. 30ff.
[30] Montessori Didaktik: Vorbereitete Umgebung bei Maria Montessori, 2010. Online unter:http://www.montessori-didaktik.de/vorbereitete-umgebung-bei-maria-montessori-27.html.
[31] Becker, Ingeborg: Maria Montessori ‚Zehn Grundsätze des Erziehens',2010. Online unter: http://www.fuerstenberg-dhg.de/index.php?id=montessore_10grundstze_kurz.
[32] Vgl. Anhang, Material 1.

Dies regt das Kind zur Benutzung der Materialien an.[33] Außerdem ist jedes Material nur begrenzt vorhanden, was die Fähigkeit des Kindes fördert, sich in einer Gruppe zu integrieren und das Material umsichtig einzusetzen.[34] Wichtig ist hierbei, dass in diesem ästhetisch, ansprechend und übersichtlich eingerichteten Raum ebenfalls eine klare Ordnung in den Regalen vorherrscht, damit die Kinder ihre Materialien auch allein wieder zurück räumen können, wodurch ihre Selbstständigkeit gefördert wird.[35] Zur weiteren Gestaltung zählt ebenfalls, dass der gesamte Raum auch im kleinsten Detail hübsch und anziehend wirkt und dass lebhafte Farben der Gegenstände die Kinder zur Tätigkeit und Arbeit mit ihnen anregen sollen. Alle Bilder müssen so niedrig hängen, dass das Kind sie mühelos betrachten kann und vor jedem Fenster sollte eine kleine Bank stehen, welche dem Kind die Gelegenheit bietet hinaus in die Natur zu sehen. Neben bestimmten Entwicklungsmaterialien sollen auch natürliche Gegenstände des Haushalts wie z.B. Besen, Staubtücher, Bürsten oder Seife dem Kind durch anziehende Farben und Formen zur Verfügung stehen, sodass es sich auch in den Arbeiten des täglichen Lebens üben kann. Ein jedes Kind besitzt nach Montessori instinktiv den Drang nach einer Tätigkeit, welche seine gesamten Kräfte beansprucht, um seine Fähigkeiten vervollständigen zu können. Daher ist es notwendig, dem Kind einfache und praktische Gegenstände zur Verfügung zu stellen, damit es so seinen Geist vollends entfalten kann.[36] Nur eine geeignete Umgebung bewirkt ein konstruktives Tun der Kinder, wobei die Gestalt der Umgebung auf die gesamte Aufnahme des Kindes gerichtet sein muss.[37]

Die Aufgabe der Erwachsenen besteht also darin, die Verantwortung und Einrichtung dieser vorbereitenden Umgebung zu übernehmen[34] und eine „Welt der Kinder" zu erschaffen. Dabei ist es von besonderer Bedeutung, dass das Kind in den Mittelpunkt der Gestaltung gestellt und der Raum so eingerichtet wird, dass das Kind darin allein zurecht kommt. Erst dann kann es die Aufgaben der Pflege und des Erhalts dieses Raumes übernehmen.[36] Die vorbereitende Umgebung ermöglicht dem Kind ein leichteres Lernen, nimmt es ernst und gibt ihm den benötigten Raum, um seinen Interessen und Tätigkeiten nachzugehen.

---

[33] Vogel, Detlev: Montessori- Erziehung – wie geht das?, 2001, S83ff.
[34] Montessori Didaktik: Vorbereitete Umgebung bei Maria Montessori, 2010. Online unter:http://www.montessori-didaktik.de/vorbereitete-umgebung-bei-maria-montessori-27.html.
[35] Vogel, Detlev: Montessori- Erziehung – wie geht das?, 2001, S. 83ff.
[36] Becker, Ingeborg: Maria Montessori ‚Zehn Grundsätze des Erziehens',2010. Online unter: http://www.fuerstenberg-dhg.de/index.php?id=montessore_10grundstze_kurz.
[37] Helming, Helene: Montessori- Pädagogik, 14. erweiterte Auflage 1977/1992, S.61ff.

So gibt die Umgebung also gleichzeitig dem Erwachsenen die Möglichkeit, sich herauszunehmen bzw. als Beobachter zu funktionieren. Die Umgebung selbst trägt dazu bei, dass sich das Kind ständig weiterentwickelt, verbessert und aus Fehlern lernt. Die Pflicht der Erzieher besteht darin als Teil der optimal vorbereiteten Umgebung zu funktionieren, indem sie mit ihrer akzeptierenden Einstellung zum Kind didaktisches Wissen und Können im Umgang mit der Materialarbeit weitergeben.[38] Ihre Aufgabe ist es eben nicht, das Kind mittels Ermahnungen, Belehrungen und Befehlen in eine bestimmte Richtung zu erziehen, da gerade hierin nach Montessoris Auffassung die Entwicklung der Kinder gestört und verhindert wird.[39] Vielmehr lernen Kinder lieber voneinander in altersübergreifenden Gruppen, wobei eine Gruppe 3 Jahrgänge umfassen sollte. Gerade diese Struktur ermöglicht den Kindern verschiedene intellektuelle, soziale und emotionale Erfahrungen zu machen und Dinge zu untersuchen und zu begreifen, die sie für sich als sinnvoll erachten. Voraussetzung hierfür bildet die beschriebene Umgebung, welche die kindlichen Interessen hervorlocken und offenbaren soll.[38]

---

[38] Eichelberger, Harald: Handbuch zur Montessori- Didaktik, S. 30ff.
[39] Becker, Ingeborg: Maria Montessori ‚Zehn Grundsätze des Erziehens‘,2010. Online unter:
http://www.fuerstenberg-dhg.de/index.php?id=montessore_10grundstze_kurz.

3.2 Die Entwicklungsmaterialien

„Nichts ist im Verstand, was nicht zuvor in den Sinnen war."[40] Laut Montessori nimmt das Kind in seiner ersten Lebensphase, welcher sie die Altersklassen 0- 3 Jahre zuordnet, alle Eindrücke unbewusst auf. Erst in der zweiten Phase, die sich von dem 3. bis 6. Lebensjahr erstreckt, setzt der Bewusstwerdungsprozess des Kindes ein. Das heißt, dass sich das Kind seiner selbst und seiner Umwelt bewusst wird, diese bewusst wahrnimmt und dazu Sinne entwickelt. Um diesen Prozess der Verfeinerung und Unterstützung der Sinne, dem Ordnen von Eindrücken und Verstehen von Wahrnehmungen zu voranzutreiben, nutzte Montessori die sogenannten Entwicklungsmaterialien. Diese wurden von ihr nicht neu erfunden, sondern bereits von den zwei Nervenärzten J.G. Itard und E. Séguin zu psychologischen Versuchen genutzt, um schwachsinnige und zurückgebliebene Kinder zu erziehen. Ergänzt wurde das Repertoire durch Montessori indem sie zunächst das vorhandene Material prüfte, stetig weiterentwickelte und zudem auch Materialien der Experimentalpsychologie hinzufügte. Wahrscheinlich gehen Viele fälschlicherweise davon aus, dass der Begriff des Entwicklungsmaterials nur ein Synonym für das bekanntere Sinnesmaterial darstellt. Tatsächlich jedoch wird Ersteres in drei Bereiche unterschieden. Dazu gehören u.a. die Sinnesmaterialien aber auch die Materialien zur Übung des alltäglichen Lebens sowie didaktische Materialien für Sprache, Mathematik und kosmische Erziehung. Bei allen Gebieten steht immer die Entwicklung der intellektuellen, psychischen und motorischen Fähigkeiten verbunden mit dem Selbstständigen Lernen und Arbeiten im Mittelpunkt.[41] Mithilfe dieser Materialien soll das Kind in der Lage sein, das Chaos seiner vorhandenen Eindrücke bewusst zu machen und zu ordnen, was auch zur Schärfung der Sinneseindrücke beiträgt. Des Weiteren werden während des gesamten Prozesses Grundfähigkeiten ausgebildet und der Geist zur Aktivität angeregt. Sie bilden quasi einen „Schlüssel", da das Kind die Erfahrungen, welche es mit dem Material gemacht hat, auf die Natur übertragen und dort mit Freude weitere Entdeckungen machen kann.[42]

---

[40] Montessori zit. nach: Henning, Anneliese: ‚Nichts ist im Verstand, was nicht zuvor in den Sinnen war' (Maria Montessori). Online unter: http://www.kita-weltkinderhaus.de/sinn.htm.
[41] Eichelberger, Harald: Handbuch zur Montessori- Didaktik, S.33f,39ff.
[42] Helming, Helene: Montessori- Pädagogik, 14. erweiterte Auflage 1977/1992, S. 40ff.

Auf der Grundlage dieser entstandenen Ordnung kann das Kind größere Arbeitsleistungen erbringen und schneller reagieren, da auch seine Konzentration geschult wird.[43]

Aber was macht nun die Besonderheit dieses Materials aus? Der Unterschied zu handelsüblichem Spielzeug besteht u.a. darin, dass es nicht durch seine farbliche Attraktivität, sondern eher durch seine Funktion Neugier weckt. Es handelt sich dabei um schlicht gehaltenes, solides und robustes Material, welches für Kinder leicht zu bedienen ist und nicht nur Spannung sondern auch stets die Möglichkeit zur Überprüfung des Ergebnisses bietet.[44] Als drittes Merkmal neben dem der Ästhetik und der Selbstkontrolle ist die Isolation ausschlaggebend. Montessoris Prinzip besteht darin, jeweils nur eine Eigenschaft herauszuheben und so zu einer vertieften Wahrnehmung zu gelangen. Unter verschiedenen Eigenschaften wie Gewicht, Farbe, Form, Klang, Geruch, Geschmack, Rauheit, Maß, Temperatur usw. wird eine einzige isoliert, was dann eine Einordnung und Analyse der Eigenschaften ermöglicht.[45,46] Die Materialien, mit denen ein bestimmter Sinn angesprochen werden soll, dürfen sich nur in dieser beabsichtigten Eigenschaft unterscheiden, damit diese aufmerksamer wahrgenommen wird. Alle anderen Eigenschaften müssen vollkommen übereinstimmen. Soll z.B. der Geruchssinn angesprochen werden, so müssen die Materialien in Form, Farbe, Größe, Temperatur und Oberflächenbeschaffenheit identisch sein. Es darf sich dabei nur die Eigenschaft des Geruches unterscheiden, um so Klarheit und Sensibilität für bestimmte Eigenschaften zu erlangen.[45] Montessori nutzt hierbei den Begriff der „Normalisierung", der die Ordnung der Eindrücke und damit die innere Ordnung des Kindes beschreibt.[43]

Die Eigenschaften der Gegenstände unterscheiden sich nicht nur in ihrer Qualität, sondern auch in ihrer Quantität. So können z.B. abstrakte Begriffe wie „größer, kleiner, mehr, weniger, länger oder kürzer als..." greifbar und damit erlebbar gemacht werden. Genauso wichtig wie die Isolierung ist für Montessori aber auch die Begrenzung des Materials in der Menge.

---

[43] Helming, Helene: Montessori- Pädagogik, 14. erweiterte Auflage 1977/1992, S. 40ff.
[44] Henning, Anneliese: ‚Nichts ist im Verstand, was nicht zuvor in den Sinnen war' (Maria Montessori). Online unter: http://www.kita-weltkinderhaus.de/sinn.htm.
[45] Becker, Ingeborg: Maria Montessori ‚Zehn Grundsätze des Erziehens',2010. Online unter: http://www.fuerstenberg-dhg.de/index.php?id=montessore_10grundstze_kurz.
[46] Eichelberger, Harald: Handbuch zur Montessori- Didaktik, S.33f,39ff.

Eine ungeordnete Vielzahl von Spielzeug führt nur zu einem neuen größeren Chaos der Eindrücke des Kindes, die zu verarbeiten es überhaupt nicht in der Lage ist. Man sollte also zu der Überzeugung gelangen, dass im *„Wenigen mehr liegt"* und dass die Begrenzung der Hilfsmittel zur Ordnung des kindlichen Geistes beiträgt.[47] Dies soll natürlich nicht bedeuten, dass Montessoris Entwicklungsmaterialien das übliche Spielzeug ersetzen sollen. Ihre Absicht war es stattdessen, dass das Material als Hilfe zur Intelligenzentwicklung und als Ergänzung zu den Möglichkeiten der Sinneserfahrung in z.B. der Natur, beim Backen oder Werken eingesetzte wird. Des Weiteren soll es als Helfer für die innere Arbeit des Kindes dienen und eine Grundlage schaffen, jedoch auf keinen Fall das Kind von der Welt isolieren. Wichtig ist, dass die Arbeit mit den Materialien stets freiwillig und meditativ erfolgt. Dies bedeutet, dass die Tätigkeit nicht auf den äußeren Erfolg gerichtet sein soll, da das Kind auf diese Weise nicht die Fähigkeit der Verantwortung erlangen und zu keinen eigenen Erkenntnissen kommen kann. Dinge müssen allein von Innen begriffen und gelernt werden.[48,49] Das Material richtet sich stets an die eigentlichen Bedürfnisse des Kindes. Das Kind wendet sich dem Gegenstand zu, welcher seine momentanen Bedürfnisse anspricht, vollzieht die Muskel- oder Sinnesübungen und erlangt Zufriedenheit. Eine Besonderheit des Materials besteht außerdem darin, dass nur die Befriedigung des Bedürfnisses die Tätigkeit beendet. Während der gesamten Übung kann das Kind diese so oft wiederholen, wie es möchte, da es keinen festgelegten Punkt für ein Ende gibt. Würde das Kind keinen solchen Gegenstand finden, der seinen Forderungen entspricht, so würde es unruhig werden, da die Befriedigung seiner Bedürfnisse ausbleibt.[47, 48]

Im Folgenden soll nun auf einige Beispiele der angesprochenen Entwicklungsmaterialien eingegangen werden. Hierzu werden zunächst die Materialien und Übungen des täglichen Lebens beschrieben. Diese umfassen alle Tätigkeiten, die der „Selbsterhaltung und Pflege der eigenen Person und ihrer Umgebung"[50] dienen. Dabei steht die Bewegung selbst und nicht das erreichte Ziel im Mittelpunkt. Die Kinder sollen lernen Hände, Augen, Geist und Psyche gleichzeitig zu koordinieren.

---

[47] Becker, Ingeborg: Maria Montessori ‚Zehn Grundsätze des Erziehens',2010. Online unter: http://www.fuerstenberg-dhg.de/index.php?id=montessore_10grundstze_kurz.
[48] Helming, Helene: Montessori- Pädagogik, 14. erweiterte Auflage 1977/1992, S. 40ff.
[49] Vogel, Detlev: Montessori- Erziehung – wie geht das?, 2001, S.103ff.
[50] Eichelberger, Harald: Handbuch zur Montessori- Didaktik, S.33f,39ff.

Nur so können sie sich in die eigene Umwelt integrieren, darin zurechtfinden und sich verwirklichen. Kinder lieben es z.B. verschiedene Dinge zu ordnen. So stellen sie die Schuhe der Größe nach auf, sortieren die Besteckschublade neu oder ordnen gesammelte Gegenstände nach Form, Farbe oder Bedeutung an.[51] Durch einfache Übungen wie die Nase zu putzen, einen Zopf zu flechten oder die Hände zu waschen lernen sie, für sich selbst zu sorgen und selbständig zu werden. Auch der Anziehrahmen mit seinen verschiedenen Möglichkeiten Stoffe zu verbinden ist dabei eine große Hilfe.[52] Andere Übungen wie das Tragen von Stühlen, das Decken eines Tisches oder das Schneiden von Blumen dienen der Pflege der Umgebung und gleichzeitig der Fähigkeit Verantwortung für andere zu übernehmen. Übungen für die Sensibilität von Bewegungen und Ordnungen beinhalten z.B. das Gießen mit Körnern oder Wasser[53], das Falten von Tüchern, die Übung der Stille oder das Gehen auf einer Linie. Letztere kann durch aufgemalte Linien oder das Balancieren von Gegenständen erfolgen und bewirkt nicht nur das körperliche Gleichgewicht sondern auch das Gleichgewicht im übertragenen Sinne, also des Geistes und der Seele.[54] Alle aufgezählten Übungen entsprechen Tätigkeiten des täglichen Lebens, weshalb es also auch kein Problem darstellen sollte, diese Materialien in einem Kindergarten zur Verfügung zu stellen und den Kindern die dabei die nötige Hilfe zur Selbsthilfe zu geben.

Einen anderen wichtigen Bereich stellen die bereits angesprochenen Sinnesmaterialien dar. Diese beinhalten alle pädagogischen Materialien, welche die fünf Hauptsinne ansprechen. Nach Montessori können sich Kinder Lerninhalte besser und nachhaltiger einprägen, wenn sie sie über die Sinne lernen.[55] Des Weiteren misst sie der Bewegung des Kindes eine besondere Bedeutung bei. Sie ist der Auffassung, dass sich der Verstand mithilfe der Motorik bildet und diese ebenfalls die Entwicklung der Psyche und Intelligenz fördert. Aus diesem Grund sollte der Gruppenraum so gestaltet sein, dass ein großer Teil des Bodens frei bleibt, und das didaktische Material in Regalen zur freien Wahl bereitgestellt wird.

---

[51] Henning, Anneliese: ‚Nichts ist im Verstand, was nicht zuvor in den Sinnen war' (Maria Montessori). Online unter: http://www.kita-weltkinderhaus.de/sinn.htm.
[52] Vgl. Anhang, Material 2.
[53] Vgl. Anhang, Material 3.
[54] Eichelberger, Harald: Handbuch zur Montessori- Didaktik, S.33f,39ff.
[55] Matthiebe, Sascha: Sinnesmaterialien, Zierlitz. Online unter: http://www.sinnesmaterialien.de/index.html.

Der Erzieher im Kindergarten nimmt dabei die Funktion eines Vermittlers zwischen dem Kind und der vorbereiteten Umgebung mit dem Entwicklungsmaterial ein. Seine Aufgabe ist es, den richtigen Umgang eines Materials für eine kleine Kindergruppe zu demonstrieren und weiterhin den Drang des Kindes nach einer Tätigkeit zu erkennen und zu unterstützen. Natürlich ist die Voraussetzung für seine Position, dass er das Material selbst vollständig begriffen hat und die sensible Phase eines Kindes erkennt.[56]

Die Sinnesmaterialien für das Fühlen, welche den haptischen Sinn ansprechen, spielen für Montessori eine besondere Rolle. Der Grund liegt darin, dass der Tastsinn das zentrale Lernorgan von Kindern darstellt und dass erst das Greifen zum Begreifen führt. Das Meiste, was Kinder auf diese Weise erfahren, bleibt länger und nachhaltiger in Gedächtnis. Zu den Materialien, welche diesem Sinn zugeordnet werden können, zählen z.B. die Tastbretter[57]. Dabei muss das Kind mit verbundenen Augen paarweise Bretter mit einer bestimmten Oberfläche zuordnen. Der visuelle Sinn, d.h. Materialien für die Augen, wird mit jedem Material angesprochen, da alles ästhetisch gestaltet und farblich schön anzusehen ist. Explizit dieser Sinn wird aber über die Farbtäfelchen[58] geschult, bei dem das Kind unter drei Schwierigkeitsstufen wählen kann und dabei zunächst die Grundfarben, dann die Mischfarben und schließlich Farbnuancen lernt. Auch hierbei müssen wieder zusammengehörige Paare gefunden werden. Für den Hörsinn, den fonetischen Sinn, entwickelte Montessori die Geräuschdosen[59]. Ein Teil der Dosen ist rot, der andere blau markiert. Das Kind muss anhand vom Schütteln immer eine blaue Dose einer Roten zuordnen. Diese Dosen bilden gleichzeitig ein gutes Mittel für die erste musische Schulung. Eine andere Variante stellen die Glocken dar, welche wiederum paarweise zugeordnet werden müssen. Das Kind kann aber auch andere Lösungen finden und z.B. eine Tonleiter erstellen. Der Geruchssinn, olifaktorischer Sinn, kann mit den Geruchsdosen isoliert werden.[60] Dieses Prinzip funktioniert ähnlich wie das der Geräuschdosen nur, dass das Kind diesmal die Substanzen riechen, benennen und dann zuordnen muss.

---

[56] Eichelberger, Harald: Handbuch zur Montessori- Didaktik, S.33f,39ff.
[57] Vgl. Anhang, Material 4.
[58] Vgl. Anhang, Material 5.
[59] Vgl. Anhang, Material 6.
[60] Matthiebe, Sascha: Sinnesmaterialien, Zierlitz. Online unter:
http://www.sinnesmaterialien.de/index.html.

Die Dosen können jederzeit individuell neu von der Erzieherin oder dem Kind selbst gefüllt werden. Für den gustatorischen Sinn (Geschmackssinn) werden Geschmacksfläschchen verwendet, wobei dem Kind mittels einer Pipette eine Probe der Flüssigkeit auf die Zunge geträufelt wird. Nun muss es die Geschmacksrichtung süß, salzig, sauer oder bitter bestimmen bzw. die Flüssigkeit genau benennen. Sowohl die Übungen für den Geschmacks- als auch die für den Geruchssinn sind besonders für die Gesundheit der Kinder wichtig.[61] Andere Sinnesmaterialien sind z.B. der rosa Turm[62], welcher aus 10 in der Größe abnehmenden Würfeln besteht, die aufeinander gestapelt werden müssen oder die braune Treppe, wobei 10 in der Dicke unterschiedliche Prismen in der richtigen Reihenfolge aufgestellt werden müssen. Diese sowie die roten Stäbe unterschiedlicher Länge oder die Schublade mit ihrem Angebot an geometrischen Figuren tragen dazu bei, dass bereits im Kindergarten der mathematische Geist geschult wird.[63]

---

[61] Matthiebe, Sascha: Sinnesmaterialien, Zierlitz. Online unter:
http://www.sinnesmaterialien.de/index.html.
[62] Vgl. Anhang, Material 7.
[63] Helming, Helene: Montessori- Pädagogik, 14. erweiterte Auflage 1977/1992, S. 40ff.

3.3 Die neue Lehrerin

Das Motto der Montessori- Pädagogik lautet: „Hilf mir, es selbst zu tun."[64] Es entspricht der Forderung des Kindes und legt gleichzeitig die erzieherischen Grenzen der Erwachsenen fest. Das Kind bittet ihn demnach, dass er es in seiner Selbsterfahrung und Selbsttätigkeit nicht einengt. Es sagt so viel wie: „Du kannst mit mir die Brücke bauen, aber darüber gehen muss ich selbst." Montessori bezeichnet diese Person, welche dem Kind dabei hilft, zwar als eine neue Lehrerin, sie meint jedoch stellvertretend dafür alle Erwachsenen wie Erzieher, Eltern oder Lehrer, die sich in der Umgebung des Kindes befinden und nicht immer ausgebildete Pädagogen sein müssen. Ergänzend zu der Umsetzung der Montessori- Pädagogik lassen sich die Entwicklungsmaterialien verwenden, da diese auf die Grundprinzipien wie Freiheit oder Selbsttätigkeit aufbauen und so den Lernprozess des Kindes positiv beeinflussen. Natürlich ist das Material nicht ausschlaggebend dafür, ob der Erziehungsgedanke Montessoris umgesetzt werden kann oder nicht, da hierzu auch gerade das Verhalten der Erzieherin eine wesentliche Rolle spielt. Ist sie autoritär, bestimmend oder fordernd, würde dies nicht den Vorstellungen der Reformpädagogin entsprechen und somit nicht zu dem gewünschten Erfolg führen. Um der Erzieherin bezüglich ihres Handelns eine Hilfestellung zu geben, entwickelte Montessori die „zwölf Gebote". Dazu gehört die Aufgabe der Erzieherin die vorbereitete Umgebung zu schaffen und zu pflegen sowie für eine vertrauensvolle und liebevolle Atmosphäre zu sorgen.[65] Des Weiteren muss sie sowohl das Material als auch die richtige Handhabung dessen beherrschen, um es dann dem Kind zum entsprechenden Zeitpunkt darbieten zu können. Hierfür ist natürlich das Erkennen und richtige Reagieren auf die sensiblen Phasen eines Kindes grundlegende Voraussetzung. Sie muss dazu in der Lage sein, während der Arbeit mit dem Kind diesem zu helfen, seine Fähigkeiten entwickeln zu können. Gelingt es ihr eine Art der Vermittlung zu finden, die so wirksam ist, dass die gesamten Möglichkeiten des Materials ausgeschöpft werden, so ist ihre Darbietung mindestens genauso bedeutend wie das Material selbst.[66] Ein weiteres Gebot beinhaltet, dass die Erzieherin aktiv ist, wenn sie das Kind mit seiner Umgebung in Beziehung bringt und es dabei in das geordnete Leben seiner Umwelt einführt.

---

[64] Montessori, zit. nach Eichelberger, Harald: Handbuch zur Montessori- Didaktik, S. 29.
[65] Becker, Ingeborg: Maria Montessori ‚Zehn Grundsätze des Erziehens',2010. Online unter: http://www.fuerstenberg-dhg.de/index.php?id=montessore_10grundstze_kurz.
[66] Eichelberger, Harald: Handbuch zur Montessori- Didaktik, S.22ff.

Andererseits ist sie jedoch passiv und verhält sich im Hintergrund, wenn diese Beziehung erfolgt ist und sich das Kind ganz auf seine Bedürfnisse konzentriert.[67] Ihre Aufgabe besteht dann darin, zu beobachten, was die Kinder unabhängig von ihrer Anwesenheit tun. Sie selbst stellt währenddessen keinen Kontakt zu den Kindern her, damit deren Freiarbeit ungestört erfolgen kann. Sie ist also immer gegenwärtig und beobachtet die Kinder, um ihnen jederzeit die notwendige Hilfestellung bieten und erwünschte Lektionen geben zu können. Sie muss dem Kind stets zuhören und antworten, wenn sie darum gebeten wird. Außerdem soll sie sowohl das Kind, welches arbeitet, respektieren ohne es zu unterbrechen, als auch das Kind, welches Fehler macht, ohne es zu korrigieren. Ihre Aufgabe ist es also nicht durch Lob, Hilfe, Fragen oder Tadel einzugreifen, da sie so die Aktivität des Kindes stören würde.[68] Durch den Verzicht auf Berichtigungen oder dem Drängen zur Arbeit lässt Montessori die Möglichkeit einer harmonischen Beziehung entstehen.[69] Die Erzieherin muss auch das Kind respektieren, welches sich ausruht und anderen bei der Arbeit zusieht. Des Weiteren sollte sie unermüdlich darin sein, den Kindern Materialien anzubieten, welche diese schon einmal abgelehnt oder noch nicht verstanden haben. Das Ziel einer jeden Erzieherin besteht also darin, dass jedes Kind die Fähigkeit erwirbt selbstständig und konzentriert zu arbeiten.[67] Gleichzeitig muss sie aber auch erkennen, ob ein Kind wirklich konzentriert an der eigenen Entwicklung arbeitet oder ob es einem destruktiven Prozess folgt. Ist Letzteres der Fall, so ist ihr Eingreifen durch das Setzen von klaren Grenzen und Aufzeigen von Orientierungshilfen erforderlich.[69] Außerdem kann sie dem Kind immer wieder durch die Ordnung seiner Umgebung, die gemeinsame Arbeit oder ihre liebevolle Zuwendung und Darbietung seine Entwicklung zur Selbständigkeit und Selbstentfaltung ermöglichen.[68]

Man kann also zusammenfassen, dass jeder Erwachsene sowohl eine helfende als auch eine unterstützende Rolle und dabei die Funktion eines Beraters, Helfers und Begleiters für das Kind auf seinem Weg zu einer eigenständigen Persönlichkeit einnimmt. Er muss die Fähigkeit des Lehrens besitzen ohne dabei zu unterrichten, da das Kind, wenn ihm Lerninhalte eingetrichtert werden, keine Möglichkeit hat, den Lernprozess zu durchlaufen.

---

[67] Becker, Ingeborg: Maria Montessori ,Zehn Grundsätze des Erziehens',2010. Online unter: http://www.fuerstenberg-dhg.de/index.php?id=montessore_10grundstze_kurz.
[68] Eichelberger, Harald: Handbuch zur Montessori- Didaktik, S.22ff.
[69] Vogel, Detlev: Montessori- Erziehung – wie geht das?, 2001, S.62-76.

Stattdessen stellt die Erzieherin ständig Aufgaben, Themen und ihr Wissen und Können offen zur Verfügung und lässt die Kinder diese Übungen auf ihre individuelle Weise vollziehen. Sie nimmt die Prozesse der Kinder wahr, um ihnen zum richtigen Zeitpunkt die notwendigen Impulse geben zu können und zeigt ihnen Möglichkeiten zur Weiterarbeit mit verschiedenen Materialien. Die Erzieherin hat Vertrauen in die Kräfte der Kinder ihrer Gruppe, verzichtet daher auf Machtausübung und Bevormundung und gibt ihnen das Gefühl wahrgenommen, angenommen und respektiert zu werden. Ihre Aufmerksamkeit und die Akzeptanz der kindlich verstandenen Welt helfen dem Kind Schwierigkeiten zu meistern, zu Lernen und zu Wachsen.[70] Die Erzieherin muss in der Lage sein zu Schweigen, statt zu reden, zu beobachten, statt zu unterrichten[71] und sich zurückzunehmen, damit sich das Kind entwickeln kann.[72]

Grundsätzlich muss eine gute Erzieherin der Montessori- Pädagogik den Leitspruch: „Hilf mir, es selbst zu tun"[73] verinnerlicht haben, die Charaktereigenschaften Demut, Geduld und Achtung aufweisen[74] und den Grundsatz: „Freiheit so viel wie möglich und Grenzen so viel wie nötig" umsetzen können.[75]

---

[70] Vogel, Detlev: Montessori- Erziehung – wie geht das?, 2001, S.62-76.
[71] Becker, Ingeborg: Maria Montessori ‚Zehn Grundsätze des Erziehens',2010. Online unter: http://www.fuerstenberg-dhg.de/index.php?id=montessore_10grundstze_kurz.
[72] Kempken, Volker: Kurzbiographie Maria Montessori (1870- 1952), 2010. Online unter: http://www.montessori-nordhorn.de/montessori/maria/.
[73]Montessori zit. Eichelberger, Harald: Handbuch zur Montessori- Didaktik, S. 29.
[74] Eichelberger, Harald: Handbuch zur Montessori- Didaktik,S.22ff.
[75] Starck, Uwe und Hannweber, Grit: Die Montessori Schule, Dresden 2009. Online unter:http://www.netzwerk-innovativer-schulen.de/schulkonzepte/montessori-schulen/montessorischule.html.

4. Fazit

Über die Pädagogik von Maria Montessori könnte man noch viele Seiten mehr füllen und dabei detailliert auf Begriffe wie die Polarisation der Aufmerksamkeit, den absorbierenden Geist des Kindes oder die kosmische Erziehung eingehen. Ich möchte diese Hausarbeit jedoch an dieser Stelle beenden, da mein zu Beginn erläutertes Ziel, einen Überblick über die drei Säulen der Montessori- Pädagogik zu geben, erreicht ist. Diese erläuterten Themengebiete stellen also das Gerüst des Konzepts dar und müssen immer vorhanden sein, damit eine Einrichtung von sich behaupten kann, dass sie das Prinzip von Montessori anwenden. Andere Bereiche verlieren dadurch nicht an Wichtigkeit, funktionieren aber eher als Hintergrundwissen oder zusätzliches Angebot.

Nachdem ich nun einen Einblick in diese Form der Pädagogik gegeben habe, möchte ich noch die anfangs gestellte Fragen beantworten. Dabei wollte ich wissen, ob diese Pädagogik von jedem Kind verinnerlicht und von jedem Pädagogen umgesetzt werden kann. Meiner Meinung nach Bedarf es einer natürlichen Auffassungsgabe des Kindes, sodass es die Materialien richtig anwenden kann und der beabsichtigte Erfolg auch eintritt. Wie ich erwähnt habe, entstanden diese Materialien aufgrund der Beobachtung von geistig behinderten Kindern, woraus man schlussfolgern kann, dass nahezu jedes Kind dazu in der Lage ist, diese zu benutzen. Wie schnell ein Kind z.B. die Geräuschdosen richtig zusortieren oder geometrische Formen benennen kann, hängt natürlich immer von seinem Interesse, seinen individuellen Stärken, Schwächen und Vorerfahrungen ab. Grundsätzlich denke ich, dass Kinder diese Art des Spielens als angenehm empfinden, da sie ihrem Forscherdrang freien Lauf lassen können und nicht von außerhalb bestimmt werden. Ein Problem könnte auftreten, wenn ein Kind bewusst ein Themengebiet z.B. die Mathematik auslässt und sich nicht mit dem Perlenmaterial oder den roten Stangen beschäftigen möchte. In diesem Fall muss die Erzieherin eingreifen und das Kind an diesen Bereich heranführen. Das stelle ich mir jedoch problematisch vor, da sie praktisch die Tätigkeiten von jedem Kind zu jeder Zeit kennen muss und auch, was sie zuletzt getan haben. In Anbetracht dessen, dass sich in einer Kindergartengruppe heutzutage schätzungsweise 15 Kinder befinden und diese sich in einem Montessori- Kindergarten meistens frei bewegen dürfen, scheint es schwierig, dabei einen Überblick zu behalten.

Die grundsätzliche Idee, dass die Erzieherin die Position des Beobachters einnimmt und bei Fragen oder Problemen hilft sowie den Umgang mit unbekanntem Material erklärt, halte ich für sinnvoll. Bezogen auf einen Kindergarten scheint diese Arbeitsweise, sowohl für die Erzieherin als auch für die Kinder umsetzbar. Würde man diese Pädagogik z.b. im Rahmen eines Ferienlagers umsetzen wollen, so könnten verschiedene Hindernisse auftreten. Dabei muss man als Betreuer manchmal autoritär werden und einen bestimmten Bereich zuweisen, in dem sich die Kinder dann frei bewegen können. Eine Ferienlagergruppe kann aus ca. 12 Kindern unterschiedlichen Alters bestehen, wobei der Betreuer zu 100% die Verantwortung für jeden Einzelnen besitzt. Es ist dabei also nicht möglich, dass Einige allein zum Schwimmen, Andere auf den Fußballplatz und wieder Andere zum Shoppen in die Stadt gehen. Auch das Essen zu unterschiedlichen Zeiten wäre bei solch einem Ereignis unmöglich. Man kann aber natürlich verschiedene Gedanken Montessoris aufgreifen und diese auch in einem Kinderferienlager umsetzen. So könnte man z.B. zelten oder ein Picknick im Wald veranstalten, um den Kindern die Möglichkeit zu geben, der Natur nahe zu kommen. Auch können verschiedene Materialien zur Verfügung gestellt werden, mit denen die Sinne angesprochen werden. Die Kinder können unterschiedliche Nahrungsmittel kosten, Kräuter riechen oder Blätter und Gräser fühlen und benennen.

Zusammenfassend kann ich also feststellen, dass die Ideen von Maria Montessori grundsätzlich überall, in jeder Situation, von jedem Kind und Erwachsenen umgesetzt werden können, da niemals kein Sinn angesprochen wird. Inwiefern das Konzept durchgängig realisiert wird, hängt zum Einen davon ab, ob die Pädagogin Montessoris Vorstellungen verinnerlicht hat, umsetzen kann und dabei aber ihren Verantwortungsbereich nicht verlässt, sodass keine Gefahr für die Kinder besteht. Zum Anderen ist der Erfolg natürlich abhängig vom Kind selbst, seiner Auffassungsgabe, seinem Konzentrationsvermögen sowie körperlichen oder geistigen Stärken oder Schwächen. Meiner Meinung nach, ist die Kreativität häufig der ausschlaggebende Punkt dafür, ob die grundsätzlichen Vorstellungen Montessoris angewandt werden können. Eine vorbereitete Umgebung ist zwar nützlich, muss aber nicht immer zwangsläufig vorhanden sein, da es reicht, dem Kind Materialien zu reichen, welche seine Sinne ansprechen und sich selbst als Pädagogin zurückzunehmen, um den Prozess des Lernens stattfinden zu lassen.

5. Eigenständigkeitserklärung

Hiermit erkläre ich, dass ich die vorliegende Hausarbeit selbständig verfasst und keine anderen als die angegebenen Hilfsmittel genutzt habe. Die Stellen der Hausarbeit, die anderen Quellen im Wortlaut oder dem Sinn nach entnommen wurden, sind durch Angaben der Herkunft kenntlich gemacht. Dies gilt auch für bildliche Darstellungen sowie für Quellen aus dem Internet. Diese Hausarbeit ist in dieser oder ähnlicher Form in keinem anderen Kurs und bei keinem anderen Dozenten vorgelegt worden.

Hamburg, den 15.01.2012

Jennifer Amft

6. Literatur- und Quellenverzeichnis

gedruckte Quellen:

- Bührlen- Enderle, Rotraut und Irskens, Beate: Lebendige Geschichte des Kindergartens – eine ‚Bildungsreise' zu Oberlin, Fröbel, Montessori und Steiner, Eigenverlag des Deutschen Vereins für öffentliche und private Fürsorge Frankfurt am Main 1989

- Eichelberger, Harald: Handbuch zur Montessori- Didaktik, Studienverlag Innsbruck-Wien 1997

- Helming, Helene: Montessori- Pädagogik, Verlag Herder Freiburg im Breisgau, 14. erweiterte Auflage 1977/1992

- Vogel, Detlev: Montessori- Erziehung – wie geht das?, Verlag Herder Freiburg im Breisgau 2001

digitale Quellen:

- Becker, Ingeborg: Maria Montessori ‚Zehn Grundsätze des Erziehens', Dierhagen 2010. Online unter: http://www.fuerstenberg-dhg.de/index.php?id=montessore_10grundstze_kurz [Stand 2012- 01- 14]

- Becker, Ingeborg: Maria Montessori- der pädagogische Ansatz, in: Martin R.(Hrsg.): Kindergartenpädagogik- Online Handbuch, Weinheim Basel: Beltz 2000, S. 30- 41. Online unter: http://www.kindergartenpaedagogik.de/1588.html [Stand 2012- 01- 14]

- Clara-Grunwald-Schule: Maria Montessori- Die Biographie, Berlin 2003. Online unter: http://www.montessori-penzberg.de/kinderhaus/downloads/montessori.pdf [Stand 2012- 01- 14]

- Eltern-Kind-Initiative "Kleene Dörper" e. V.: Montessorimaterialien, Wuppertal 2010. Online unter: http://www.kleenedoerper.de/images/montessori3.jpg [Stand 2012- 01- 14]

- Henning, Anneliese: ‚Nichts ist im Verstand, was nicht zuvor in den Sinnen war' (Maria Montessori), Würzburg. Online unter: http://www.kita-weltkinderhaus.de/sinn.htm [Stand 2012- 01- 14]

- Herbst, Roger: Maria Montessori- Zitate, Mechernich 1999. Online unter: http://www.montessori-lexikon.de/montessori-zitate.php [Stand 2012- 01- 14]

- Hopf, Tobias: sensible Phasen, Augsburg 2009. Online unter: http://www.montessori-augsburg.de/sensible-phasen.50.0.html [Stand 2012-01- 14]

- Kähler, Pia: Montessori Pädagogik- Die Freiheit, Hamburg 2006. Online unter: http://www.oddblog.de/montessori/seite-5.html [Stand 2012- 01- 14]

- Kempken, Volker: Kurzbiographie Maria Montessori (1870- 1952), Nordhorn 2010. Online unter: http://www.montessori-nordhorn.de/montessori/maria/ [Stand 2012- 01- 14]

- KindergartenExperte: Maria Montessori, Augsburg 2008. Online unter: http://www.kindergartenexperte.de/ratgeber-fuer-eltern/paedagogische-konzepte/montessori/ [Stand 2012- 01- 14]

- KindergartenExperte: Pädagogische Konzepte, Augsburg 2008. Online unter: http://www.kindergartenexperte.de/ratgeber-fuer-eltern/paedagogische-konzepte/ [Stand 2012- 01- 14]

- Matthiebe, Sascha: Sinnesmaterialien, Zierlitz. Online unter: http://www.sinnesmaterialien.de/index.html [Stand 2012- 01- 14]

- Montessori Didaktik: Vorbereitete Umgebung bei Maria Montessori, 2010. Online unter: http://www.montessori-didaktik.de/vorbereitete-umgebung-bei-maria-montessori-27.html [Stand 2012- 01- 14]

- Montessori Kinderhaus: Das Montessori Material, Lenzburg. Online unter: http://www.montessori-lenzburg.ch/files/2712/8783/3512/P1020962.jpg [Stand 2012- 01- 14]

- Montessori Vereinigung Nürnberger Land e.V.: Sinnesmaterial - Farbtäfelchen, Lauf/Pegnitz 2006. Online unter: http://www.montessori-lauf.de/uploads/pics/mat_055.jpg [Stand 2012- 01- 14]

- Montessori Vereinigung Nürnberger Land e.V.: Sinnesmaterial - Geräuschdosen, Lauf/Pegnitz 2006. Online unter: http://www.montessori-lauf.de/uploads/pics/mat_055.jpg [Stand 2012- 01- 14]

- Montessori Vereinigung Nürnberger Land e.V.: Sinnesmaterial - Tasttäfelchen, Lauf/Pegnitz 2006. Online unter: http://www.montessori-lauf.de/uploads/pics/mat_055.jpg [Stand 2012- 01- 14]

- Sadigh, Parvin: Deutschlands Eltern brauchen mehr Kita- Plätze als geplant, in: Zeit online, Hamburg 2010. Online unter: http://www.zeit.de/gesellschaft/familie/2010-06/vergleich- krippen [Stand 2012- 01- 14]

- Starck, Uwe und Hannweber, Grit: Die Montessori Schule, Dresden 2009. Online unter:http://www.netzwerk-innovativer-schulen.de/schulkonzepte/montessori-schulen/montessorischule.html [Stand 2012- 01- 14]

- Timmermann, Oliver: Übungen d. prak. Lebens, Nieder- Ramstadt 1999.
  Online unter: http://www.montessori-shop.de/bilder/b__1186933748.jpg [Stand
  2012- 01- 14]

- Wenzel, H.: Kurzbeschreibung, Kaufeldt 1999. Online unter:
  http://www.kinderkahn.de/index.php?option=com_content&view=article&id=69
  &Itemid=85 [Stand 2012- 01- 14]

7. Anhang

Material 1:

76

Material 2:

77

Material 3:

78

Material 4:

79

Material 5:

80

Material 6:

81

[76] Eltern-Kind-Initiative "Kleene Dörper" e. V.: Montessorimaterialien, 2010. Online unter: http://www.kleenedoerper.de/images/montessori3.jpg.

[77] Timmermann, Oliver: Übungen d. prak. Lebens, 1999. Online unter: http://www.montessori-shop.de/bilder/b__1186933748.jpg.

[78] Montessori Kinderhaus: Das Montessori Material. Online unter: http://www.montessori-lenzburg.ch/files/2712/8783/3512/P1020962.jpg.

[79] Montessori Vereinigung Nürnberger Land e.V.: Sinnesmaterial - Tasttäfelchen, 2006. Online unter: http://www.montessori-lauf.de/uploads/pics/mat_055.jpg.

[80] Montessori Vereinigung Nürnberger Land e.V.: Sinnesmaterial - Farbtäfelchen, 2006. Online unter: http://www.montessori-lauf.de/uploads/pics/mat_055.jpg.

[81] Montessori Vereinigung Nürnberger Land e.V.: Sinnesmaterial - Geräuschdosen, 2006. Online unter: http://www.montessori-lauf.de/uploads/pics/mat_055.jpg.

Lightning Source UK Ltd.
Milton Keynes UK
UKHW011415191118
332600UK00002B/442/P